Palabras para mañana

Gaetano Piccolo

Palabras para mañana
Itinerario de Adviento

Paulinas

Para los textos litúrgicos oficiales en español:

©CONFERENCIA EPISCOPAL ESPAÑOLA
Los textos litúrgicos oficiales en su versión castellana utilizados en este libro han sido aprobados por la Conferencia Episcopal Española y han recibido la oportuna *recognitio* de la Santa Sede.

Título original: *Parole per domani. Itinerario di Avvento.*

Traducido por: María Jesús García González.
Imagen de cubierta: Sabine Zierer.
Diseño de cubierta: Alba Cosío Velasco.

© PAULINAS 2024
Carril del Conde, 62 - 28043 Madrid
Tel.: 91 721 89 84 - Fax: 91 759 02 04
E-mail: editorial@paulinas.es
www.paulinas.es

PAOLINE Editoriale Libri
© FIGLIE DI SAN PAOLO, 2021

ISBN: 978-84-19408-40-2
Depósito Legal: M-19728-2024

Impreso por Gar.Vi. 28970 Humanes (Madrid).
Printed in Spain. Impreso en España.

INTRODUCCIÓN

Hay una gran sabiduría en la liturgia: con gran dedicación, la liturgia nos invita a prepararnos para las fiestas importantes que acompasan nuestra vida de fe. Se trata de un camino espiritual que recupera la imagen del camino a pie, de la peregrinación. Durante ese recorrido, el peregrino se prepara, medita, reflexiona, se descubre en profundidad a sí mismo y llega, ya transformado, a la meta original.

El tiempo del Adviento es un itinerario interior, una peregrinación que nos permite acoger el don de la Navidad. Es un camino que prepara nuestro corazón y lo hace disponible al encuentro. Un viaje que nos transforma.

Para caminar necesitamos luz, sobre todo para atravesar los momentos oscuros y más difíciles. La *luz* que la liturgia nos ofrece durante estos tiempos fuertes es la palabra de Dios: una Palabra abundante, sapiente y especial, que alimenta el corazón y lo renueva. En este recorrido del Adviento que proponemos aquí, la palabra de Dios ilumina el camino, ayudándonos a elegir dónde poner nuestros pies.

Esta luz nos permite luego encontrar una palabra en nuestra vida. Los términos del vocabulario traducen a nuestro lenguaje la palabra de Dios. Por eso, cada día está señalado con una palabra para meditar. Se llaman *palabras para mañana* porque nos sugieren una preparación para el día siguiente, leyendo con anticipación la reflexión que se plantea. Se trata de un antiguo consejo de la tradición espiritual, que nos invita, precisamente, a predisponer nuestro corazón. A lo largo de la noche nuestro corazón medita, de manera quizá más profunda, sin las defensas con las que nos equipamos durante el día.

El camino que nos propone la liturgia tiene siempre el objetivo de revitalizar nuestra oración, generando acciones concretas. Porque a lo largo de este recorrido veremos cómo estamos cambiando, cómo estamos llegando al encuentro con Dios. La Palabra se hace carne y, por tanto, también nuestras palabras tienen que encarnarse. Cada día irá señalado por un *compromiso*, un pequeño paso que podemos dar para empezar realmente a cambiar algo en nuestra vida, para llegar a la Navidad con actitudes sinceras y con un corazón renovado y dispuesto.

Así, para cada día del Adviento, hasta el día de Navidad, este itinerario presenta tres momentos: una *luz*, una *palabra* para mañana y un *compromiso.*

Este librito puede usarse para el camino personal de cada uno, pero también en grupo, para compartir este tiempo tan importante de nuestra vida espiritual. De manera particular, la *palabra para mañana* quiere ser también un deseo de esperanza, para que las bellas palabras puedan ayudarnos a construir nuestro futuro.

PRIMERA SEMANA
DE ADVIENTO

DOMINGO

UNA LUZ

Año A

Juzgará entre las naciones,
será árbitro de pueblos numerosos.
De las espadas forjarán arados,
de las lanzas, podaderas.
No alzará la espada pueblo contra pueblo,
no se adiestrarán para la guerra.

Is 2,4

«Comprended que si supiera el dueño de casa a qué hora de la noche viene el ladrón, estaría en vela y no dejaría que abrieran un boquete en su casa. Por eso, estad también vosotros preparados, porque a la hora que menos penséis viene el Hijo del hombre».

Mt 24,43-44

Año B

Y, sin embargo, Señor, tú eres nuestro padre,
nosotros la arcilla y tú nuestro alfarero:
todos somos obra de tu mano.

Is 64,7

«Velad entonces, pues no sabéis cuándo vendrá el señor de la casa, si al atardecer, o a medianoche, o al canto del gallo, o al amanecer: no sea que venga inesperadamente y os encuentre dormidos».

Mc 13,35-36

Año C

«Ya llegan días –oráculo del Señor– en que cumpliré la promesa que hice a la casa de Israel y a la casa de Judá. En aquellos días y en aquella hora, suscitaré a David un vástago legítimo que hará justicia y derecho en la tierra».

Jer 33,14-15

«Tened cuidado de vosotros, no sea que se emboten vuestros corazones con juergas, borracheras y las inquietudes de la vida, y se os eche encima de repente aquel día; porque caerá como un lazo sobre todos los habitantes de la tierra».

Lc 21,34-35

LA PALABRA PARA MAÑANA ES
CONFIANZA

El primer domingo de Adviento nos llama a estar en una actitud de vigilancia: a estar atentos, a abrir los ojos. Hay muchos modos de estar vigilantes: la vigilancia del centinela que espera el regreso de la luz; el velar de la madre que cuida de su hijo; el velar de quien espera el regreso de una persona querida. Pero este gesto estaría vacío si no estuviese lleno de fe.

La vigilancia de la que habla Jesús no es el esfuerzo por mantenerse despiertos, no es el insomnio de la preocupación, sino la actitud de quien confía en una promesa. Ahora es de noche, pero la luz volverá. Hay un futuro, una promesa de bien. Puede que hayamos dejado de vigilar porque hemos dejado de confiar. Hemos dejado de confiar porque estamos desilusionados.

Este tiempo comienza con la palabra de Dios que nos invita a volver a tener confianza, a abandonar la resignación. Comenzamos de nuevo a vigilar porque confiamos en lo que Dios puede hacer dentro de nosotros y en torno a nosotros.

UN COMPROMISO

Trato de prestar atención a lo que están viviendo las personas a mi alrededor. Me pregunto: «¿De verdad estoy vigilante, velando por su vida?».

LUNES

UNA LUZ

[La gloria del Señor será] una tienda, sombra en la canícula, refugio y abrigo de la tempestad y de la lluvia.

Is 4,6

Jesús le contestó: «Voy yo a curarlo».

Mt 8,7

LA PALABRA PARA MAÑANA ES
CUIDADO

El cuidado es la dimensión que nos hace padres y madres y, más en general, seres humanos. El cuidado es la actitud que nos permite salir de nosotros mismos, de nuestro egoísmo y de nuestro aislamiento. Lo que no es humano tiende, sobre todo, a garantizar, por instinto o por naturaleza, solo a la propia supervivencia. Vivir solo para sí mismo es, pues, inhumano.

Cuando cuidamos de otro, de un hijo o una hija, de un amigo o amiga, de un hermano o hermana, o de quien hoy nos necesita, cuando cuidamos de la creación, crecemos en humanidad, nos convertimos en padres y madres.

Dado que Dios es quien vive por excelencia cuidando de la humanidad y del universo, podemos llegar a decir que, creciendo en este comportamiento, no solo nos volvemos más humanos, sino que además experimentamos algo divino, crecemos también en semejanza con Dios, aquel que se preocupa por nosotros.

UN COMPROMISO

A través de un gesto, de una palabra, de un servicio, trato de cuidar de alguien.

MARTES

UNA LUZ

Habitará el lobo con el cordero,
el leopardo se tumbará con el cabrito,
el ternero y el león pacerán juntos:
un muchacho será su pastor.

Is 11,6

En aquella hora, se llenó de alegría en el Espíritu
Santo y dijo: «Te doy gracias, Padre, Señor del cielo
y de la tierra, porque has escondido estas cosas a los
sabios y entendidos, y las has revelado a los pequeños. Sí, Padre, porque así te ha parecido bien».

Lc 10,21

LA PALABRA PARA MAÑANA ES
ALABANZA

Hay personas que pasan toda la vida o gran parte de ella lamentándose. Su mirada se centra en lo
que va mal, o en lo que no funciona. Su aflicción

envenena su vida y les hace ver a los demás como enemigos o adversarios.

La aflicción se concentra en la carga del pasado o en las dificultades del presente, evitando alzar la vista para mirar un poco más lejos. El lamento no tiene en cuenta promesas ni esperanzas. Por el contrario, vivir la vida como una alabanza quiere decir creer en la posibilidad del futuro, quiere decir que en nuestra historia hay lugar para la gratuidad y el don.

Por eso las personas que saben alabar son las personas sencillas, no porque sean ingenuas o ignorantes, sino porque se sienten pequeñas, perciben que la vida no es una pretensión arrogante que hay que reclamar. Son las personas que saben maravillarse, sin dejarse atrapar en pensamientos que generan recelos y rivalidad.

UN COMPROMISO

Durante el día trato de mirar con atención si hay algo por lo que debo dar gracias a Dios.

MIÉRCOLES

UNA LUZ

Preparará el Señor del universo
para todos los pueblos,
en este monte, un festín
de manjares suculentos,
un festín de vinos de solera;
manjares exquisitos, vinos refinados.

Is 25,6

Los discípulos le dijeron: «¿De dónde vamos a sacar en un despoblado panes suficientes para saciar a tanta gente?».

Mt 15,33

LA PALABRA PARA MAÑANA ES *COMER*

El hambre es una necesidad inevitable. Podemos decidir no comer, pero no podemos decidir no tener hambre. El hambre nos recuerda que no somos autosuficientes y nos impulsa a comer. En realidad, comer quiere decir establecer una relación con lo que está fuera de nosotros, significa dejar entrar en nosotros una parte del mundo.

Si es verdad que no podemos decidir no tener hambre, sí podemos decidir de qué alimentarnos: a veces, por superficialidad, nos arriesgamos a envenenarnos cuando ingerimos cosas que no convienen a nuestro organismo. Optar por no comer quiere decir prescindir del mundo, y, para nosotros, eso significa morir.

Jesús tiene compasión de nuestra hambre, quiere nutrirnos de aquellos que nos sustentan y nos hacen crecer, pero no siempre estamos dispuestos a dejarnos alimentar por él.

UN COMPROMISO

Durante el día trato de reconocer de qué tengo realmente hambre e intento prestar atención a la forma en que busco dar respuesta a esa necesidad.

JUEVES

UNA LUZ

Aquel día, se cantará
este canto en la tierra de Judá:
«Tenemos una ciudad fuerte,
ha puesto para salvarla
murallas y baluartes».

Is 26,1

«El que escucha estas palabras mías y las pone en práctica se parece a aquel hombre prudente que edificó su casa sobre roca».

Mt 7,24

LA PALABRA PARA MAÑANA ES
CONSTRUIR

En todos los momentos de la vida, pero sobre todo en los momentos de dificultad y desánimo, es importante fijarse un objetivo: todos tenemos a nuestra disposición materiales de construcción, no importa si pocos o muchos, si sólidos o frágiles, pero los tenemos. En lugar de mirarlos, lamentarnos de ellos o esperar que mejoren, podemos dedicar nuestro tiempo a transformarlos en algo hermoso.

Ponerse manos a la obra quiere decir plantearse un objetivo, tener confianza en la posibilidad de hacer algo, decidir vivir para alguien.

El Señor se ofrece para acompañarnos en esta obra de construcción: él es quien nos proporciona el material, es el arquitecto y el ingeniero, es el jefe de obra. Para construir bien tenemos que escuchar lo que nos indica. Nosotros podemos colaborar con nuestra obra en este gran lugar de trabajo que es la creación.

UN COMPROMISO

Trato de decidirme y colocar el primer ladrillo de lo que quiero construir con los recursos que tengo a mi disposición, escuchando lo que me dice el Señor.

VIERNES

UNA LUZ

Aquel día, oirán los sordos
las palabras del libro;
sin tinieblas ni oscuridad
verán los ojos de los ciegos.

Is 29,18

Entonces les tocó los ojos, diciendo: «Que os suceda
conforme a vuestra fe». Y se les abrieron los ojos.

Mt 9,29-30

LA PALABRA PARA MAÑANA ES *VER*

¡No siempre queremos ver! Muchas veces prefe-
riríamos permanecer ciegos: no queremos ver quié-
nes somos realmente, no queremos ver la manera
en que estamos tratando a los demás, no queremos
admitir las dificultades que se nos presentan… y por
eso, en muchas ocasiones, nos volvemos ciegos o
fingimos estarlo.

Se necesita valentía para decidir ver, porque cuando vemos el camino que tenemos delante debemos entonces decidir si recorrerlo o no.

Muchas personas optan por vivir como ciegos, construyéndose un mundo interior que confunden con la realidad. A veces incluso en las relaciones preferimos ser ciegos para no asumir la responsabilidad de decidir cambiar o crecer. Pero quien opta por no ver, opta también por no vivir plenamente. Por eso el Señor quiere abrirnos los ojos, para que podamos vivir esta vida en plenitud, plenamente responsables y libres para mirarnos al espejo.

UN COMPROMISO

Me detengo un instante ante el espejo y me pregunto: «¿Qué veo en mi rostro?».

SÁBADO

UNA LUZ

[…] el día en que el Señor vende la herida de su pueblo y cure la llaga de sus golpes.

Is 30,26

Llamó a sus doce discípulos y les dio autoridad para expulsar espíritus inmundos y curar toda enfermedad y toda dolencia.

Mt 10,1

LA PALABRA PARA MAÑANA ES
HACERSE CARGO

Uno de los recursos más grandes que podemos poner en práctica en nuestra vida es la capacidad que tenemos para hacernos cargo de nosotros mismos y de los demás. Hacerme cargo de mí mismo significa reconocer que soy valioso y digno de atención. Cuidar de los otros quiere decir reconocer que alcanzo la plenitud de mi vida cuando no vivo solo para mí mismo.

El primer paso para cuidar es tener la valentía de mirar de frente mis heridas y las de los demás. Quiere decir aceptar mi debilidad, admitir que soy frágil. Cuidar de los demás quiere decir no ver ya como un enemigo a quien tengo delante, sino verlo como una persona que necesita ser amada.

Jesús cuida de los demás porque siente compasión, es decir, porque comparte profundamente lo que el otro está viviendo. Por eso me hago cargo de mí mismo cuando estoy en sintonía con lo que siento, y no lo niego. Y me hago cargo de los demás cuando dejo de estar centrado en mí mismo y trato de sentir el dolor del otro, sin fijarme únicamente en el mío.

UN COMPROMISO

¿Qué gesto puedo hacer en concreto para cuidar de mí mismo? ¿Qué puedo hacer para hacerme cargo de quien está cerca de mí?

SEGUNDA SEMANA
DE ADVIENTO

DOMINGO

UNA LUZ

Año A

Habitará el lobo con el cordero,
el leopardo se tumbará con el cabrito,
el ternero y el león pacerán juntos:
un muchacho será su pastor.

Is 11,6

Este es el que anunció el profeta Isaías diciendo:
«Voz del que grita en el desierto:"Preparad el camino
del Señor, allanad sus senderos"».

Mt 3,3

Año B

«Consolad, consolad
a mi pueblo
–dice vuestro Dios–;
hablad al corazón de Jerusalén,
gritadle, que se ha cumplido su servicio
y está pagado su crimen,
pues de la mano del Señor ha recibido
doble paga por sus pecados».

Is 40,1-2

Como está escrito en el profeta Isaías: «Yo envío a mi
mensajero delante de ti, el cual preparará tu camino;
voz del que grita en el desierto: "Preparad el camino
del Señor, enderezad sus senderos"».

Mc 1,2-3

Año C

En pie, Jerusalén, sube a la altura,
mira hacia oriente y contempla a tus hijos:
el Santo los reúne de oriente a occidente
y llegan gozosos invocando a su Dios.
A pie tuvieron que partir,
conducidos por el enemigo,
pero Dios te los traerá con gloria,
como llevados en carroza real.

Bar 5,5-6

Como está escrito en el libro de los oráculos del profeta Isaías: «Voz del que grita en el desierto: Preparad el camino del Señor, allanad sus senderos; los valles serán rellenados, los montes y colinas serán rebajados; lo torcido será enderezado, lo escabroso será camino llano. Y toda carne verá la salvación de Dios».

Lc 3,4-6

LA PALABRA PARA MAÑANA ES
PROFECÍA

Con frecuencia somos muy miopes, vemos casi exclusivamente lo que tenemos inmediatamente delante. A veces estamos también ciegos, o nos hacemos los ciegos, para evitar ver lo que está ocurriendo. Nos resulta cómodo no ver, porque así podemos evitar cambiar o asumir nuestra responsabilidad.

El profeta no es quien adivina el futuro, sino quien lee el presente según lo que ha ocurrido antes. El profeta es, ante todo, la persona que tiene una buena memoria, y precisamente por eso puede también prever el futuro. En realidad, las grandes leyes que regulan la historia y la convivencia humana no han cambiado mucho.

Y este conocimiento es lo que nos permite ser profetas, asumiendo nuestras responsabilidades, hoy, ante el futuro. Pero el profeta es principalmente quien confía en Dios: precisamente porque el Señor le ha acompañado hasta hoy, puede estar seguro de que seguirá acompañándole. Y esto también vale para nosotros.

UN COMPROMISO

Trato de mirar la historia, mi presente, lo que está ocurriendo en mi vida, e intento ver dónde está el Señor y qué me está diciendo.

LUNES

UNA LUZ

Habrá un camino recto.
Lo llamarán «Vía sacra».
Los impuros no pasarán por él.
Él mismo abre el camino
para que no se extravíen los inexpertos.
No hay por allí leones,
ni se acercan las bestias feroces.
Los liberados caminan por ella.

Is 35,8-9

«Pues, para que veáis que el Hijo del hombre tiene poder en la tierra para perdonar pecados –dijo al paralítico–: "A ti te lo digo, ponte en pie, toma tu camilla y vete a tu casa". Y, al punto, levantándose a la vista de ellos, tomó la camilla donde había estado tendido y se marchó a su casa dando gloria a Dios».

Lc 5,24-25

LA PALABRA PARA MAÑANA ES
CAMINAR

La vida a veces nos obliga a detenernos, como en la trágica época de la pandemia. Pero otras veces somos nosotros los que nos detenemos porque no queremos caminar. Preferimos quedarnos quietos. Porque a veces el miedo nos bloquea y nos impide movernos. No queremos correr riesgos, quizá no sabemos ni siquiera hacia dónde caminar.

La palabra de Dios nos tranquiliza: Dios nos abre caminos, incluso allí donde parecía imposible. También en la estepa y en el desierto Dios es capaz de abrir senderos. El Señor nos consuela: viene para curar nuestras parálisis, vuelve a poner en marcha los engranajes bloqueados de nuestra vida.

Pero, como el paralítico, somos nosotros quienes debemos tener la valentía de coger con nuestras manos la camilla y ponernos de nuevo a caminar. Esa camilla representa el pasado, las situaciones complicadas que quizá nos han abrumado. Con Jesús podemos tomarlas de nuevo en nuestras manos y decidir qué hacer con ellas.

UN COMPROMISO

Intento comprender si hay algo que está blo-
queando mi camino y pido al Señor que me libere
de lo que me está paralizando.

MARTES

UNA LUZ

Como un pastor que apacienta el rebaño,
reúne con su brazo los corderos
y los lleva sobre el pecho;
cuida él mismo a las ovejas que crían.

Is 40,11

«¿Qué os parece? Suponed que un hombre tiene cien ovejas: si una se le pierde, ¿no deja las noventa y nueve en los montes y va en busca de la perdida? Y si la encuentra, en verdad os digo que se alegra más por ella que por las noventa y nueve que no se habían extraviado».

Mt 18,12-13

LA PALABRA PARA MAÑANA ES *PROTEGER*

Desde niños sentimos, evidentemente, la necesidad de ser protegidos, pero al mismo tiempo desarrollamos una tendencia a defender y preservar esos aspectos nuestros que consideramos preciosos. Es como si aprendiésemos enseguida a reconocer qué es importante para nosotros, y precisamente por eso lo protegemos.

Saber proteger quiere decir también ser capaces de dar valor a las cosas. Proteger es, pues, un verbo a través del cual expresamos amor. Quien no protege, quien deja que las cosas se pierdan o se tiren, quien no es movido por una pizca de emoción para defender lo que es precioso, no ha llegado nunca a amar.

En cambio, en la Biblia se describe a menudo a Dios en esta actitud de protección y al mismo tiempo llamando al hombre a esta acción divina de proteger. Dios defiende a su pueblo, lo considera su heredad. Es el pastor que custodia los rebaños, sobre todo las ovejas que tienen más dificultades. El mismo Jesús en el huerto, después de la resurrección, es confundido con el que cuida del huerto.

UN COMPROMISO

Me pregunto: «¿Qué hago para proteger los valores, las personas o los objetos que considero importantes para mi vida?».

MIÉRCOLES

UNA LUZ

Se cansan los muchachos, se fatigan,
los jóvenes tropiezan y vacilan;
pero los que esperan en el Señor
renuevan sus fuerzas,
echan alas como las águilas,
corren y no se fatigan,
caminan y no se cansan.

Is 40,30-31

«Venid a mí todos los que estáis cansados y agobia-
dos, y yo os aliviaré».

Mt 11,28

LA PALABRA PARA MAÑANA ES
FUERZA

La vida ya de por sí presenta dificultades y obstá-
culos que nos desaniman y nos fatigan, y en los momentos de mayor apuro e incertidumbre corremos
un riesgo todavía mayor de quedar aplastados bajo

el peso de los miedos, de las dificultades y de las inseguridades. Lo sabemos, el riesgo que corremos en estos momentos es el de detenernos y de desanimarnos. Precisamente por eso necesitamos encontrar una motivación para reemprender el camino de la vida.

Necesitamos encontrar un sentido incluso en medio de una tragedia que nos sorprende y nos asusta. El sentido viene dado por esa actitud particular que todos nosotros estamos llamados a vivir en esta realidad, en este trabajo, en este servicio. Seguramente la vida te está confiando una tarea. Encontrarla y esforzarse en esta tarea nos ayuda a recuperar fuerzas.

Para nosotros, esta fuerza procede de la vocación que el Señor nos da: nos llama hacia sí, nos invita a estar con él, nos pide que confiemos en él, nos encomienda una misión.

UN COMPROMISO

Trato de preguntarme: «¿Qué tarea me está confiando Dios en este momento?».

JUEVES

UNA LUZ

No temas, gusanillo de Jacob,
oruga de Israel,
yo mismo te auxilio –oráculo del Señor–,
tu libertador es el Santo de Israel.

Is 41,14

«En verdad os digo que no ha nacido de mujer uno más grande que Juan el Bautista; aunque el más pequeño en el reino de los cielos es más grande que él».

Mt 11,11

LA PALABRA PARA MAÑANA ES
PEQUEÑO

Desde pequeños nos obligan a hacernos grandes, a hacernos mayores: «Come, y te harás más grande», «Cuando seas mayor…». Esta grandeza se convierte en un mito, un objetivo que alcanzar, que, en realidad, se transforma en una quimera, en un esfuerzo de Sísifo, en un sueño irrealizable que no hace más que crear frustración. ¿Cuándo me haré de verdad grande? Y así malgastamos nuestras energías en delirios de grandeza: queremos que todos vean que somos los más valientes, los más astutos, los más competentes... Pero esta constante persecución de un ideal inalcanzable no puede más que hacernos, sencillamente, insatisfechos e infelices.

Como un padre sabio, Jesús no desprecia nuestra pequeñez: al contrario, nos dice que ama esa pequeñez. Nos tranquiliza y nos invita a no avergonzarnos de ella. Hacer las paces con nuestra pequeñez quiere decir ser conscientes de nuestras limitaciones, quizá también para afrontarla (no necesariamente para superarla).

Aceptar nuestra pequeñez quiere decir, entonces, reconocer lo que somos, no con un tono mortificador o deprimente, sino con la alegría de amarme sin pretender distorsionar mi identidad. Soy pequeño porque no tengo ningún problema en afirmar que puede haber alguien más grande que yo.

UN COMPROMISO

Trato de mirar con simpatía mis limitaciones.

VIERNES

UNA LUZ

Esto dice el Señor, tu libertador,
el Santo de Israel:
«Yo, el Señor, tu Dios,
te instruyo por tu bien,
te marco el camino a seguir».

Is 48,17

«Pero la sabiduría se ha acreditado por sus obras».

Mt 11,19b

LA PALABRA PARA MAÑANA ES
SABIDURÍA

La sabiduría, como el saber, tiene que ver con el gusto, con lo que da sabor a las cosas. Pero mientras el saber es un conocimiento que puede aprenderse y transmitirse, la sabiduría depende directamente de la persona: una persona puede tener muchos conocimientos, pero no por eso es sabia. Puede poseer mucha información, pero no necesariamente saber usarla. Puede saber mucho, pero eso no quiere decir que sepa vivir. Entonces, ¿para qué sirve el saber sin la sabiduría? ¡Para muy poco!

El saber sin la sabiduría envanece e infla: como un alimento que nos llena temporalmente pero no nos sacia. La sabiduría es la capacidad de juzgar y reconocer los signos de los tiempos. Es el arte de vivir, de escoger el momento preciso. Es la que nos hace hablar cuando es necesario y callar cuando es oportuno. La sabiduría nos permite discernir: permite percibir la presencia de Dios. Podemos conocer muchos conceptos de Dios, pero no tener la sabiduría de identificar su presencia.

La sabiduría, dice Jesús, se reconoce en las obras que realiza. Porque no es cháchara, sino hechos. Puedo decir que sé mucho, pero al final, ¿cómo vivo? No soy lo que sé, sino lo que hago.

UN COMPROMISO

Me detengo un instante para saborear algo que estoy comiendo, algo que estoy sintiendo o viendo...

SÁBADO

UNA LUZ

Entonces surgió el profeta Elías
como un fuego,
su palabra quemaba como antorcha.

Sir 48,1

«Pero os digo que Elías ya ha venido y no lo recono-
cieron, sino que han hecho con él lo que han querido.
Así también el Hijo del hombre va a padecer a manos
de ellos».

Mt 17,12

LA PALABRA PARA MAÑANA ES
RECONOCER

Las cosas pasan ante nuestros ojos y no nos damos cuenta de ellas. Hasta que nos golpeamos la
cabeza contra un muro, sin habernos dado siquiera
cuenta de que alguien lo estaba construyendo. Pasa-
mos gran parte de nuestra vida adormecidos, en parte
porque no queremos ver, en parte porque estamos tan

orientados y adiestrados que no prestamos atención a la novedad y al cambio.

Así, puede que Dios pase a nuestro lado, que se cruce en nuestro camino, que deje huellas en nuestra vida y no nos demos cuenta de ello. Reconocer quiere decir recuperar lo que hemos perdido, quiere decir encontrar lo que siempre habíamos esperado. Es decir: «¡Sí, esto es, precisamente!». Para reconocer hay que tener, por tanto, tiempo para detenerse y preguntarse: «¿Es esto lo que estaba buscando?».

Incluso puede volver Elías e indicarnos el camino para encontrar al Señor, pero si estamos tan distraídos, amargados y replegados sobre nosotros mismos, no reconoceremos nunca la oportunidad que se nos ofrece.

UN COMPROMISO

Me detengo a preguntarme: «¿Qué está ocurriendo en mi vida en este momento?».

TERCERA SEMANA
DE ADVIENTO

DOMINGO

UNA LUZ

Año A

Decid a los inquietos:
«Sed fuertes, no temáis.
¡He aquí vuestro Dios!
Llega el desquite, la retribución de Dios.
Viene en persona y os salvará».
Entonces se despegarán los ojos
de los ciegos,
los oídos de los sordos se abrirán;
entonces saltará el cojo como un ciervo
y cantará la lengua del mudo,
porque han brotado aguas en el desierto
y corrientes en la estepa.

Is 35,4-6

«Los ciegos ven y los cojos andan; los leprosos quedan limpios y los sordos oyen; los muertos resucitan y los pobres son evangelizados».

Mt 11,5

Año B

El Espíritu del Señor, Dios, está sobre mí,
porque el Señor me ha ungido.
Me ha enviado para dar
la buena noticia a los pobres,
para curar los corazones desgarrados,
proclamar la amnistía a los cautivos,
y a los prisioneros la libertad.

Is 61,1

Juan les respondió: «Yo bautizo con agua; en medio
de vosotros hay uno que no conocéis, el que viene de-
trás de mí, y al que no soy digno de desatar la correa
de la sandalia».

Jn 1,26-27

Año C

Aquel día se dirá a Jerusalén:
«¡No temas! ¡Sión, no desfallezcas!».
El Señor tu Dios está en medio de ti,
valiente y salvador;
se alegra y goza contigo,
te renueva con su amor;
exulta y se alegra contigo.

Sof 3,16-17

La gente le preguntaba: «Entonces, ¿qué debemos hacer?».

Lc 3,10

LA PALABRA PARA MAÑANA ES *IMPOSIBLE*

Uno de los motivos por los que solemos renunciar a nuestros deseos está vinculado a nuestra visión realista del mundo. Ya no creemos en los sueños, nos parecen imposibles. El curso de los acontecimientos parece haber tomado un rumbo inevitable. Nos dejamos atrapar por el miedo porque las situaciones parecen ser ya definitivas.

La razón nos dice que no es posible, pero el corazón sigue esperando. ¿Dónde está la voz de Dios en todo esto? ¿Cuál es la fuerza del amor?

La palabra de Dios nos habla muchas veces de esta capacidad de sorprendernos, de no dar nada por descontado y de no rendirnos. Dios puede transformar las situaciones humanas a través de recorridos que solo él sabe trazar. A veces son nuestras resistencias, nuestra inflexibilidad y, sobre todo, nuestra desconfianza, las que impiden que Dios actúe.

UN COMPROMISO

Me pregunto: «¿A qué he renunciado por falta de confianza en el Señor?». Intento volver a poner en sus manos esa situación.

LUNES

UNA LUZ

Lo veo, pero no es ahora,
lo contemplo, pero no será pronto:
avanza una estrella de Jacob,
y surge un cetro de Israel […].

Num 24,17

Jesús les replicó: «Os voy a hacer yo también una pregunta; si me la contestáis, os diré yo también con qué autoridad hago esto. El bautismo de Juan ¿de dónde venía, del cielo o de los hombres?».

Mt 21,24-25

LA PALABRA PARA MAÑANA ES
PREGUNTAR

Gracias a los navegadores del coche u online, ya no tenemos que detenernos a pedir indicaciones en carreteras y caminos. Lo cierto es que, en general, nos da vergüenza preguntar: queremos mostrarnos siempre autosuficientes, sin dudas, capaces de manejar con autonomía la situación. No admitimos incertidumbres. Preferimos, incluso en los tiempos difíciles, vivir en la ilusión de que podemos saber con certeza qué nos espera, en lugar de aceptar la falta de respuestas, a veces incluso por parte de la ciencia, ante las cosas que suceden.

El signo de interrogación se desprecia y se sustituye por el signo de exclamación, más cómodo. No queremos hacer frente a la molestia de preguntar, pero nos sentimos más seguros recibiendo órdenes. De este modo podemos también descargarnos de la responsabilidad de nuestras decisiones. Pero la realidad se nos sigue escapando, no se nos presenta de manera clara y definitiva, sino que tiene siempre un modo complejo y articulado de mostrarse: la realidad de los demás, la realidad de los acontecimientos, incluso la realidad de nosotros mismos. El único modo de afrontar la vida con honestidad es no dejar de preguntar.

También Jesús nos invita a salir de las seguridades que nos atrapan, a no dar nada por descontado, a no creer tener siempre todas las respuestas. Solo ejercitando el arte de la pregunta crecemos y nos convertimos en personas maduras y responsables.

UN COMPROMISO

Trato de darme cuenta de si estoy renunciando hoy a hacer alguna pregunta solo por miedo o vergüenza. Intento superar esas sensaciones y a hacer a alguien las preguntas que llevo en mi interior.

MARTES

UNA LUZ

No ha escuchado la llamada,
no ha aceptado la lección;
no ha confiado en el Señor,
no ha recurrido a su Dios.

Sof 3,2

«¿Qué os parece? Un hombre tenía dos hijos. Se acercó al primero y le dijo: "Hijo, ve hoy a trabajar en la viña"».

Mt 21,28

LA PALABRA PARA MAÑANA ES *HIJO*

Con la pandemia nos hemos acordado de que somos hijos. Nos hemos acordado de que hemos dejado a nuestros padres en residencias (que no son resorts de lujo en las Canarias), nos hemos dado cuenta de que vivimos a kilómetros de distancia y que de un momento a otro puede que ya no estén ahí. Nos hemos dado cuenta de cuánto vale la caricia de una madre y de cuántas veces hemos preferido, en cambio, pensar en nuestra vida.

Ser hijo quiere decir comprender que tenemos una historia: yo no soy el primero, sino que hay alguien que me ha precedido, y yo formo parte, inevitablemente, de esa historia. Comprender que somos hijos quiere decir reconocer que alguien, intentando hacer lo mejor que podía, mejor o peor, me ha permitido crecer. Ser hijo quiere decir tener la responsabilidad, en la medida de lo posible, de devolver ese bien, no por obligación, sino porque es ley de vida.

Dios no se lamenta por tener hijos desobedientes, no ama solo a los que siempre se portan bien. Dios es ese padre que espera siempre que el «no» del hijo se convierta en un «sí». Dios es el padre que no cierra nunca la puerta. Es el padre que sale al encuentro del hijo porque no ha dejado nunca de desear ese abrazo.

UN COMPROMISO

Doy gracias por mi madre y por mi padre, no necesariamente porque hayan sido padres ejemplares, sino porque me han hecho ver de dónde vengo y quién soy.

MIÉRCOLES

UNA LUZ

Se dirá: «Solo el Señor
tiene la justicia y el poder».
A él vendrán avergonzados
los que se enardecían contra él.

Is 45,24

«Y ¡bienaventurado el que no se escandalice de mí!».

Lc 7,23

LA PALABRA PARA MAÑANA ES
ESCÁNDALO

El escándalo es el obstáculo que encontramos en la vida y que nos dificulta el camino. ¿Hacia dónde estamos caminando? ¿Quién es para nosotros un escándalo? Si estamos avanzando por el camino de la búsqueda de éxito, de la afirmación de la imagen que proyectamos, del arribismo y el logro de nuestras ambiciones, el escándalo es quien nos hace ver otro modo de vivir; escándalo es quien nos desvía de nuestros objetivos; escándalo es quien persigue un camino de bien que nos hace sentir avergonzados.

Como cristianos, somos un escándalo cuando impedimos que la gente llegue a Dios, cuando damos un testimonio que desalienta y aleja; somos un escándalo cuando nos adaptamos a un estilo de vida mundano, cuando no marcamos ya la diferencia, cuando ya no somos la sal que da sabor.

Incluso Jesús estaba dispuesto a hacerse a un lado siempre que su ministerio oscurecía la presencia de Dios. Jesús nos invita a mirar y a darnos cuenta de que no solo no es un obstáculo, sino que es el verdadero camino que conduce al amor.

UN COMPROMISO

Me pregunto: «¿Soy con mi actitud un obstáculo para alguien en su camino hacia Dios?».

JUEVES

UNA LUZ

Aunque los montes cambiasen
y vacilaran las colinas,
no cambiaría mi amor,
ni vacilaría mi alianza de paz
–dice el Señor que te quiere–.

Is 54,10

«Este es de quien está escrito: "Yo envío mi mensajero delante de ti, el cual preparará tu camino ante ti". Porque os digo, entre los nacidos de mujer no hay nadie mayor que Juan. Aunque el más pequeño en el reino de Dios es mayor que él».

Lc 7,27-28

LA PALABRA PARA MAÑANA ES *MISERICORDIA*

Si observamos el comportamiento que solemos tener ante los demás y ante las diferentes situaciones, nos daremos cuenta de que tendemos con facilidad a emitir juicios. Aunque no sepamos qué hay realmente en el corazón del otro, aunque no sepamos qué acontecimientos ha vivido, tendemos a proyectar sobre los acontecimientos nuestra rabia, nuestro malestar, nuestra reivindicación.

Pero Dios nos enseña otro modo de estar ante las situaciones y las personas: Dios tiene el corazón cerca del pobre, aunque haya hecho algo mal, aunque sea pecador. Jesús ha revelado plenamente este rostro de Dios, él es el misericordioso, más aún, es la misericordia misma.

Porque Dios *no desea la muerte del pecador, sino que el pecador se convierta y viva*. Por eso, aun con todas nuestras limitaciones, podemos presentarnos ante el Señor y dejarnos amar para aprender, también nosotros, a perdonar.

UN COMPROMISO

Trato de mirar con misericordia una situación que solo he considerado con actitud crítica.

VIERNES

UNA LUZ

Esto dice el Señor:
«Observad el derecho, practicad la justicia,
porque mi salvación está por llegar,
y mi justicia se va a manifestar».

Is 56,1

«Juan era la lámpara que ardía y brillaba, y vosotros quisisteis gozar un instante de su luz».

Jn 5,35

LA PALABRA PARA MAÑANA ES *LUZ*

No siempre queremos ver. A veces no tenemos el coraje, tenemos miedo de soportar el peso de la verdad. Escondemos o nos escondemos. Apagamos las luces que amenazan con arrojar sombras sobre nuestra vida.

Y sin embargo la justicia se abre camino, la justicia divina no está para castigar o destruir, sino para restablecer el orden con el que Dios ha pensado la realidad. La justicia divina se revela para llevar todo a su plenitud.

Dios es la luz en nuestra vida, pero a veces preferimos no disfrutar del todo de esta luz. Nos vemos tentados a instrumentalizar la presencia de Dios, queremos apagar y encender esta lámpara de acuerdo con nuestras necesidades. Pero precisamente por nuestro bien es mejor dejar esta lámpara siempre encendida, porque nos hará ver toda la verdad.

UN COMPROMISO

Me comprometo a mirar hasta el fondo una situación de mi vida respecto a la cual creo que no hay suficiente claridad.

CUARTO DOMINGO
DE ADVIENTO

CUARTO DOMINGO

UNA LUZ

Año A

«Entonces dijo Isaías: "Escucha, casa de David: ¿no os basta cansar a los hombres, que cansáis incluso a mi Dios? Pues el Señor, por su cuenta, os dará un signo. Mirad: la virgen está encinta y da a luz un hijo, y le pondrá por nombre Enmanuel"».

Is 7,13-14

Cuando José se despertó, hizo lo que le había mandado el ángel del Señor y acogió a su mujer.

Mt 1,24

Año B

«Pues bien, di a mi siervo David que así dice el Señor del universo: "Yo te tomé del pastizal, de andar tras el rebaño, para que fueras jefe de mi pueblo Israel. He estado a tu lado por donde quiera que has ido, he

suprimido a todos tus enemigos ante ti y te he hecho
tan famoso como los grandes de la tierra"».

2Sam 7,8-9

María contestó: «He aquí la esclava del Señor; hága-
se en mí según tu palabra». Y el ángel se retiró.

Lc 1,38

Año C

Se mantendrá firme, pastoreará
con la fuerza del Señor,
con el dominio del nombre del Señor, su Dios;
se instalarán, ya que el Señor
se hará grande hasta el confín de la tierra.
Él mismo será la paz.

Miq 5,3-4

Aconteció que, en cuanto Isabel oyó el saludo de María, saltó la criatura en su vientre. Se llenó Isabel de
Espíritu Santo.

Lc 1,41

LA PALABRA PARA MAÑANA ES *SEÑAL*

¿Qué es una señal? La señal hace presente algo
que no es, que no podemos ver, o que solo podre-
mos ver en el futuro. Por tanto, está en el lugar de

otra cosa. Pero la señal no es lo que esperamos o desearíamos ver, sino la manera en que se hace presente.

Por eso la señal por sí sola no dice mucho. Necesitamos, por ejemplo, confiar en quien nos ofrece esa señal, necesitamos también una mirada capaz de ir más allá de la señal misma. La fe es, en cierto sentido, ese viaje de la interioridad que confía en Dios y sabe reconocer su presencia también donde no es evidente.

De ahí que la señal nos deja nuestra libertad: no puede haber confianza sin libertad. Y no puede haber amor sin libertad. Por eso Dios nos invita a seguirle a través de las palabras y los gestos que señalan su presencia entre nosotros. Pero ¿tenemos de verdad confianza? ¿Tenemos una mirada verdaderamente libre para poder vislumbrar dónde quiere llevarnos?

UN COMPROMISO

¿Cuáles son en este momento las señales a través de las cuales Dios se está haciendo presente en mi vida?

FERIAS DE ADVIENTO

DEL 17 AL 24 DE DICIEMBRE

17 DE DICIEMBRE

UNA LUZ

No se apartará de Judá el cetro,
ni el bastón de mando de entre sus rodillas,
hasta que venga aquel a quien está reservado,
y le rindan homenaje los pueblos.

Gen 49,10

Jacob engendró a José, el esposo de María, de la cual
nació Jesús, llamado Cristo.

Mt 1,16

LA PALABRA PARA MAÑANA ES
ENGENDRAR

Engendrar quiere decir darse a sí mismo la posibilidad de futuro. Pero el futuro es siempre incierto y arriesgado. Engendrar quiere decir traer al mundo a alguien que luego no nos pertenecerá, alguien que hará su propio camino, un camino que quizá no nos guste o que no cumpla nuestras expectativas.

Quizá por eso nos cuesta trabajo engendrar, porque tenemos miedo de sentirnos decepcionados y perder. No engendrar quiere decir permanecer encerrados en nosotros mismos, no tener esperanza, morir sin darnos ninguna posibilidad. La historia continúa solo si alguien tiene el valor de engendrar, el valor, pues, de la novedad. Engendrar significa cuidar sin querer poseer.

Quizá por eso hoy nuestra historia se ha detenido, está empantanada: un narcisista no está dispuesto a engendrar. Un narcisista está tan inseguro que tiene miedo de manchar su imagen; y por eso permanece bloqueado e inmóvil, sin dar a la vida la posibilidad de continuar. Pero más allá de nosotros, Dios no deja nunca de ser el padre por excelencia, se vuelve imperceptible, hace que la historia siga adelante, aun corriendo el riesgo de ser traicionado y olvidado.

UN COMPROMISO

Me pregunto: «¿Qué está engendrando mi vida?».

18 DE DICIEMBRE

UNA LUZ

Mirad que llegan días –oráculo del Señor–
en que daré a David un vástago legítimo:
reinará como monarca prudente,
con justicia y derecho en la tierra.

Jer 23,5

Pero, apenas había tomado esta resolución, se le apareció en sueños un ángel del Señor que le dijo: «José, hijo de David, no temas acoger a María, tu mujer, porque la criatura que hay en ella viene del Espíritu Santo. Dará a luz un hijo y tú le pondrás por nombre Jesús, porque él salvará a su pueblo de sus pecados».

Mt 1,20-21

LA PALABRA PARA MAÑANA ES *SUEÑO*

El sueño desvela algo que no hemos dicho, que no tenemos valor de expresar. Es también el lugar de la profundidad, quizá el elemento más auténtico de nosotros mismos. El sueño es lo que ocultamos tan bien en nuestro interior que a veces no lo recordamos. Es precisamente en ese lugar profundo donde Dios habla a nuestra vida.

Soñar es el momento en el que permitimos que salgan nuestros deseos. Por eso solo podemos soñar de noche, porque los deseos tienen el color de la oscuridad, no podemos saber nunca con antelación dónde nos llevarán exactamente. Pero es precisamente ahí donde nos habla Dios. Por otra parte, no podemos pasar toda la vida soñando. En un determinado momento hay que despertar del sueño y actuar.

En este momento histórico que estamos viviendo, en el que estamos tan inseguros y asustados, puede que hayamos dejado también de soñar. Quizá nuestras noches están habitadas casi siempre por pesadillas, por miedo al futuro, por miedo a volver a empezar. Necesitamos volver a soñar, necesitamos dar de nuevo a Dios la ocasión de encontrarse con nosotros, pero necesitamos también, en un determinado momento, levantarnos y actuar.

UN COMPROMISO

Me detengo a reflexionar sobre los sueños que llevo en mi corazón y trato de averiguar qué puedo hacer para comenzar a hacerlos realidad.

19 DE DICIEMBRE

UNA LUZ

El ángel del Señor se apareció a la mujer y le dijo: «Eres estéril y no has engendrado. Pero concebirás y darás a luz un hijo».

Jue 13,3-5

Respondiendo el ángel, le dijo: «Yo soy Gabriel, que sirvo en presencia de Dios; he sido enviado para hablarte y comunicarte esta buena noticia. Pero te quedarás mudo, sin poder hablar, hasta el día en que esto suceda, porque no has dado fe a mis palabras, que se cumplirán en su momento oportuno».

Lc 1,19-20

LA PALABRA PARA MAÑANA ES *CREER*

Nos hemos convertido, a veces con razones válidas, tan desconfiados ante nuestros iguales que hemos extendido esta incapacidad de creer también a Dios. Ya no creemos a nadie porque nos han engañado muchas veces. No creemos ya porque nos hemos resignado, o quizá porque es más fácil contar solo con nuestras fuerzas.

En todo esto, Zacarías es nuestro digno antepasado. Como las cosas no están claras, como las pruebas nos llevan a otra parte, como creer quiere decir arriesgarse y asumir la responsabilidad, Zacarías prefiere dejarlo todo como está: es mejor un disgusto seguro que una posible desilusión. De la esterilidad no hay manera de salir, es inútil intentarlo.

Creer no quiere decir ser crédulos, sino arriesgarnos dándonos otra oportunidad. Puede que los hombres y mujeres de nuestro tiempo continúen engañándonos y decepcionándonos, pero esto no quiere decir que tengamos que hacer extensible este prejuicio también a Dios. En ocasiones es precisamente nuestra incredulidad lo que impide a Dios actuar.

UN COMPROMISO

Intento comprobar hasta qué punto estoy dispuesto a creer a las personas a las que quiero y hasta qué punto estoy dispuesto a creer en Dios.

20 DE DICIEMBRE

UNA LUZ

El Señor volvió a hablar a Ajaz y le dijo: «Pide un signo al Señor, tu Dios: en lo hondo del abismo o en lo alto del cielo». Respondió Ajaz: «No lo pido, no quiero tentar al Señor».

Is 7,10-12

«También tu pariente Isabel ha concebido un hijo en su vejez, y ya está de seis meses la que llamaban estéril, porque para Dios nada hay imposible».

Lc 1,36-37

LA PALABRA PARA MAÑANA ES *PEDIR*

Puede haber muchas ambigüedades en lo que pedimos. A veces pedimos sin demasiada convicción, otras veces pedimos, pero en realidad sabemos ya qué queremos hacer o qué queremos conseguir.

Las peticiones que hacemos a Dios también están cargadas de ambigüedad. Porque en ocasiones pedimos casi para ponerle a prueba. Pero la cuestión de la fe es la que lo encomienda todo al Señor en la certeza de que él encontrará el modo de cuidar de nosotros.

A veces nuestras exigencias son, lógicamente, como los caprichos de un niño ante su madre, pero el niño no sabe lo que es mejor para él. Una madre no es indiferente a lo que le pide su hijo, lo escucha, lo medita y encuentra la respuesta más adecuada para la vida de su hijo.

UN COMPROMISO

Me comprometo a pedir con confianza al Señor lo que deseo.

21 DE DICIEMBRE

UNA LUZ

Habla mi amado y me dice:
«Levántate, amada mía,
hermosa mía y ven».
Mira, el invierno ya ha pasado,
las lluvias cesaron, se han ido.

Cant 2,10-11

En aquellos mismos días, María se levantó y se puso en camino deprisa hacia la montaña, a una ciudad de Judá; entró en casa de Zacarías y saludó a Isabel.

Lc 1,39-40

LA PALABRA PARA MAÑANA ES
LEVANTARSE

Desilusionados, cansados e incrédulos, corremos el riesgo de no tener ya deseos de volver a ponernos en pie. Cuando el mundo se nos cae encima, cuando los demás descargan sus problemas sobre nuestras espaldas, es fácil que nos quedemos bloqueados.

Esta invitación a levantarnos suele ser la palabra con la que Dios se dirige a nosotros: a Jonás, por ejemplo, se le invita a ponerse en pie al comienzo de su aventura y después, cuando Dios le da la oportunidad de comenzar de nuevo. «Levántate» es la palabra que Jesús dirige al paralítico del Evangelio que ha dejado de creer en sus capacidades y recursos. Levantarse quiere decir resurgir de los escombros, abandonar la posición de los muertos y adoptar la del Resucitado. Jesús se levantó del sepulcro para que todos pudiésemos hacer lo mismo, gracias a él.

Así que, ¡levántate de tus miedos, levántate de los pensamientos que te están doblegando, levántate de la desilusión! Solo así te darás cuenta de que la vida siempre puede comenzar de nuevo.

UN COMPROMISO

Trato de identificar una situación en la que necesito volver a ponerme en pie.

22 DE DICIEMBRE

UNA LUZ

Ella le dijo: «Perdón, por tu vida, mi señor, yo soy aquella mujer que estuvo aquí en pie ante ti, implorando al Señor. Imploré este niño y el Señor me concedió cuanto le había pedido».

1Sam 1,26-27

María dijo: «Proclama mi alma la grandeza del Señor, se alegra mi espíritu en Dios, mi salvador; porque ha mirado la humildad de su esclava. Desde ahora me felicitarán todas las generaciones».

Lc 1,46-48

LA PALABRA PARA MAÑANA ES
GRATITUD

Cada vez estamos más convencidos de que todo se nos debe. Hemos eliminado de nuestro vocabulario el sacrificio, la renuncia, la escasez. Los padres, con frecuencia, trazan caminos para sus hijos, para que puedan correr sin preocupaciones. Pero precisamente así se construye la infelicidad: ya no tenemos nada que desear y, por eso, no sabemos dar las gracias.

Pero la realidad, en un determinado momento, llama a nuestra puerta y nos hace descubrir cómo son de verdad las cosas: ¡no se nos debe nada! Todo es un don. Se nos puede privar de todo en cualquier momento. Si tenemos algo, es porque es un don. Precisamente por eso la forma más coherente y auténtica de estar en la vida ¡es la gratitud!

Mujeres como Ana y como María, de las que hablan los textos de la liturgia, saben qué significa un don: lo viven en la novedad sorprendente de la vida de un hijo. Así pues, tenemos todos que aprender de estas mujeres a dar gracias, para mirarlo todo con los ojos de la gratitud.

UN COMPROMISO

Intento reconocer los dones que he recibido y que estoy recibiendo y doy las gracias por todos ellos.

23 DE DICIEMBRE

UNA LUZ

Voy a enviar a mi mensajero para que prepare el camino ante mí. De repente llegará a su santuario el Señor a quien vosotros andáis buscando; y el mensajero de la alianza en quien os regocijáis, mirad que está llegando, dice el Señor del universo.

Mal 3,1

Inmediatamente se le soltó la boca y la lengua, y empezó a hablar bendiciendo a Dios.

Lc 1,64

LA PALABRA PARA MAÑANA ES
BENDECIR

Por lo general, nos centramos más en lo que no funciona en nuestra vida que en sus aspectos positivos. Quizá porque queremos siempre más, porque pensamos que podemos hacerlo mejor o porque consideramos que merecemos respuestas más esperanzadoras en la vida. Y así lo único que hacemos es introducir veneno en nuestra vida.

Incluso las personas que tenemos a nuestro lado se convierten en una molestia, en una carga, en una obligación. Pero, al contrario, si lo miramos bien, descubrimos que llevan a nuestro corazón una palabra, una mirada, quizá a veces incluso un gesto que nos hace reflexionar. Puede que podamos partir precisamente de aquí para transformar nuestra vida en una bendición.

Bendigo porque hay un futuro, como Zacarías ante su hijo. Bendigo porque estás ahí y no estoy yo solo. Bendigo porque Dios encuentra siempre la manera de hacerme sentir su presencia. Bendigo porque hay un mundo a mi alrededor y no estoy destinado a hundirme en la nada.

UN COMPROMISO

Escojo un motivo para bendecir a Dios.

24 DE DICIEMBRE

UNA LUZ

«Yo seré para él un padre y él será para mí un hijo. Si obra mal, yo lo castigaré con vara y con golpes de hombres [...]. Tu casa y tu reino se mantendrán siempre firmes ante mí, tu trono durará para siempre».

2Sam 7,14.16

«Suscitándonos una fuerza de salvación en la casa de David, su siervo, según lo había predicho desde antiguo por boca de sus santos profetas. Es la salvación que nos libra de nuestros enemigos y de la mano de todos los que nos odian».

Lc 1,69-71

LA PALABRA PARA MAÑANA ES *CASA*

Durante los meses de la pandemia estar dentro de casa era una necesidad, un antídoto contra el miedo que podríamos experimentar fuera; nos quedamos en casa para protegernos. Pero también hay matices debido a los cuales la casa puede significar conflicto, enfermedad y sufrimiento. La casa no es siempre el lugar idílico que nos muestra la publicidad, no es siempre un lugar cálido y bien equipado, con un maravilloso árbol de Navidad que admirar. Para muchas familias la casa es otra cosa: quiere decir falta de espacio, quiere decir frío, quiere decir peleas y desahogos ante problemas que parecen insuperables.

Pero la liturgia nos promete que la auténtica casa es la que el Señor ha pensado para nosotros. Porque sea cual sea la situación en la que nos encontremos, si así lo deseamos, si se lo permitimos, el Señor es nuestra casa. El Señor es refugio y fortaleza. El problema, confesémoslo, es que hemos puesto nuestra confianza en otros: ¿de quién esperamos la salvación? Este es el gran interrogante de nuestro tiempo. ¿Con qué hemos sustituido la confianza en Dios?

Puede que la Navidad, para la que nos ha preparado este camino de Adviento, nos haya llevado precisamente ante esta pregunta: ¿deseas devolver su lugar a Dios?

UN COMPROMISO

Me detengo ante el belén y me pregunto: «¿Soy yo quien ha construido una casa para Jesús, o es él quien la construye para mí?».

NATIVIDAD
DEL SEÑOR

25 DE DICIEMBRE

UNA LUZ

Porque un niño nos ha nacido,
un hijo se nos ha dado:
lleva a hombros el principado,
y es su nombre:
«Maravilla de Consejero, Dios fuerte,
Padre de eternidad, Príncipe de la paz».

Is 9,5

Un ángel del Señor se les presentó; la gloria del Señor los envolvió de claridad, y se llenaron de gran temor. El ángel les dijo: «No temáis, os anuncio una buena noticia que será de gran alegría para todo el pueblo: hoy, en la ciudad de David, os ha nacido un Salvador, el Mesías, el Señor. Y aquí tenéis la señal: encontraréis un niño envuelto en pañales y acostado en un pesebre».

Lc 2,9-12

LA PALABRA PARA MAÑANA ES *NIÑO*

Cuando un niño nace, transmite, indudablemente, mucha alegría y esperanza. Es capaz de hacernos sonreír y de devolver la serenidad a nuestro corazón cansado. Pero, por otra parte, nos exige muchos cuidados y atenciones. Los padres saben perfectamente que un niño requiere espacio, te exige todo tu tiempo, te cambia la vida.

En este sentido, el hecho de que Dios venga en medio de nosotros como un niño quiere decir precisamente todo eso: trae alegría, pero también nos pide que nos hagamos cargo de él. ¿Cómo? Saliendo de nosotros mismos para no permanecer indiferentes al grito de quien nos necesita.

Un Dios que se presenta como niño, que no teme ni se preocupa de su debilidad, nos invita a no avergonzarnos de nuestras carencias: podemos presentarle nuestra fragilidad, nuestra necesidad de ser amados. Dios se encomienda a nosotros y nos enseña también a encomendarnos a él.

UN COMPROMISO

Intento cuidar de alguien, viendo en su rostro, por difícil que sea, el rostro de Dios.

ÍNDICE

OTROS LIBROS DEL AUTOR:

CABEZA O CORAZÓN. El arte del discernimiento
Gaetano Piccolo - 104 páginas

Entrar en nosotros mismos, ver nuestra realidad y aceptarnos como somos, es esencial para seguir nuestro camino vocacional y así vivir en plenitud.

EL PERFUME DEL ESPOSO
Ejercicios espirituales con el Cantar de los Cantares
Gaetano Piccolo - 112 páginas

Una original contribución que brota en un ambiente de oración, como un curso de Ejercicios espirituales sobre el Cantar de los Cantares, que ofrece un auténtico tesoro y una preciosa metáfora para cada vocación.